하늘에도 바다가 있었다

박지현 2시집

오늘의문학사

하늘에도 바다가 있었다

| 서시 |

대전현충원에서 비석을 닦으며

손에 와 닿는 이름마다
천천히 불러보며 숨죽인 시간,
비석을 닦으며
당신의 영혼을 마음에 모십니다

어디에선가 굳건히 서 있었을 당신
나라의 품에 잠들어

당신이 지키려 했던
오늘의 밝은 하늘

땀이 떨어질까 봐
고개 들어 우러릅니다

그저, 고맙습니다
남겨주신 평화롭고 자유로운 오늘
걸음마다
당신의 숨결 생각하렵니다

| 목차 |

서시 • 5

제1부 고개를 끄덕였다

가을밤 • 13
강꽃 • 14
강이랑 • 15
개울가에 앉아서 • 16
걱정하지 않을 거야 • 17
겨울잠 자는 은행 • 18
계룡산 동학사 • 19
고개를 끄덕였다 • 20
고양이와 물까치 • 21
공중전화 부스 • 22
그곳에 가면 • 23
그대 떠난 후에 • 24
그리움 • 25
금강이 품은 공산성 • 26
금산의 아침 • 27
기다림 • 28
기적을 울리며 • 29
구름과 햇살 • 30

제2부 누워 있는 팽이

나, 어떡해 • 33
나의 뿌리 • 34
나의 삶꽃 노트 • 36
난로 • 37
낡은 지게 하나 • 38
내 방 구경하기 • 39
너와 나 • 40
너의 웃음소리 • 41
노란 창포꽃 • 42
놀이터 • 43
누워 있는 팽이 • 44
눈꽃 • 46
눈앞에 얌전히 앉아 있는 책들을 보며 • 47
임아, 오소서 • 48
임의 소식 • 49
뚜껑 없는 항아리 • 50
막개떡 • 51
물가에 핀 꽃 • 52
꽃비 • 53
꽃양귀비 피어 있는 길 • 54

제3부 바람의 쉼터

바람의 쉼터 • 57
밤바다 • 58
버스킹 • 59
별 하나 • 60
봄 • 61
봄날처럼 • 62
봄이면 • 63
봉숭아꽃 • 64
불볕 내리는 오후 • 65
비 온다 • 66
산책 • 67
소리 없이 불러본다 • 68
서랍을 정리하다 • 70
시작 • 71
시화전 • 72
해가 있는 동안 • 73
12월은 • 74
화창한 날씨 • 76
흔적 • 77
가을 사랑 • 78

제4부 잎은 뿌리가 되어

아카시아꽃 향기 • 81
안녕 • 82
여름밤의 콘서트 • 83
엄마 • 84
요기요 • 86
잎은 뿌리가 되어 • 87
자연이 만든 예술, 돌들의 축제 • 88
작은 기적 • 90
작은 돌에 뜬 달 • 91
작은 창문 앞의 단풍나무 • 92
잠자던 꿈 • 93
저녁을 먹고 • 94
저녁을 여는 별 • 95
절구통과 항아리 • 96
짧은 치마 • 97
청춘 • 98
치유의 숲에서 • 99
하늘에도 바다가 있었다 • 100
피아노 • 102
순수한 열정 • 103

하늘에도 바다가 있었다
박지현 2시집

제1부

고개를 끄덕였다

가을밤

불어오는 바람
내 가슴
한쪽을 비워 놓는다
친구 같은 달빛
내 마음
한구석 비추고
한 시절
남겨진
매미의 굳은 껍질
슬퍼하는
귀뚜라미

강꽃

햇살 좋아
돌 틈에
핀
아주 작은
꽃
강물은
소란스럽지 않게
<u>흐르고</u>
가던 발길
구름도 머물게 하네

강이랑

흘러나오는
세상 이야기
듣고 바라보며
강이랑 산이랑
손 꼭 잡고
하늘 아래
천생연분
산이랑
청춘이 흐르고
강이랑
마르지 않는 속삭임
널 꾹꾹 담아간다

개울가에 앉아서

왜가리 한 마리
고요함
그 옆에 백로 내려앉는다
숨처럼 걷는 모습에
멈춰지는
내 발걸음 깊어지고
네모난 돌 둥근 돌
어루만지며 흐르는
물의 길
물소리
속 깊은 강을 만나면
할 말 다하고 쉬어가리
씻기고 굴리고 부드럽게
물고기의 몸짓도
돌 틈을 지나는 노랫소리도
흐르며 만나리라
세상을 다 품은
푸른 바다의 갈매기 떼처럼

걱정하지 않을 거야

봄이면
새싹은
꽃을 피울 거야

땡볕
뜨겁게 태우던
모래밭은
파도가 씻겨주잖아

가을은
단풍 옷 갈아입고
아름다운 선율에
입원한다

겨울 오면
목화솜 눈꽃 속에
포근한 너의 마음 있기에

다
갖춘
일 년

겨울잠 자는 은행

어느새
삐들삐들 쭈글쭈글
풀숲에 잠들은 은행
뒷산 모퉁이 한쪽에 추운 햇볕 덮고
아무도 오가지 않은 길에서
어쩌다
밭고랑을 지나는 주인의 관심도 없이
발에 밟힌 외피
시간이 미끄러진다
내피 저를 지키며
떨어진 자리에
둘레길 풍경과 하나 되어
노란 잎 휘날리던 고왔던 날들
가벼이 떨구어 내려놓고
삶의
고운 잎 다 떨어진다 해도
은행나무 아래서 울지 않을 거야

계룡산 동학사

마루금에 누워 있는 한 여인
침묵으로 말하는 한 성인
척추를 세워 마주 앉아도
참 좋을 것 같은 인연
펼쳐진 초록 자락
계곡에 흐르는 믿음
산은 천년 그대로의 빛인데
허공을 건너는 저 흰 구름
청춘을 닮은 바위 위에
학처럼 내려앉는다

고개를 끄덕였다

나는 진달래꽃이 좋아
그래

나는 도라지꽃이 좋아
그래

진달래는
산을 좋아하는데

도라지는
텃밭을 좋아해
그래, 그래

도라지 심고
진달래도 심자

꽃 피니
사람들 봄이네
그래, 그래

고양이와 물까치

햇볕을 베고
마당에 누워 있는 고양이
항상 느긋한 모습
무심한 듯 다정하기도 하고
따뜻한 침묵 속에서 도도한 비밀 하나쯤
느리지만 쉼 없이 꿈꾸고
잿빛 날개를 가진 물까치
가슴속에
흐름과 기다림을 품고
나무와 나무를 건너다니며
그리움은 늘 나뭇가지의 몫
오늘은
나무 위로 올라가 물까치 새끼 꺼내
자기 새끼 주려고 물고 내려오는 고양이
내 새끼 지키려는 물까치
비상이다
떼로 몰려와 난리법석 악악 울며불며
소리 질러 보지만
하나님!
이럴 때 어떻게 해야 하나요?

공중전화 부스

전봇대 옆에 기대어
비를 맞고 있는
파란 공중전화 부스
아파 보여
비 눈치를 보면서
들어가 본다
삐삐가 울리면 잽싸게
너를 찾았었는데
지금은
한가롭고 여유 있어
그리움 흐른다
내 손가락 스마트폰에 가고 없는데
아직 기다리며
거기 있는 너

그곳에 가면

선명한 문패 위로 날아드는 옛일
호젓한 길 지금은 누가 오고 가는가
붉은 찔레꽃 걸쳐 입던 돌담 아래
벗 웃는 얼굴 그림이네
백구 꼬리 살랑살랑
마당 앞 배추밭 고랑은 아이들 놀이터
담장 너머로 오고 가던 금희네 나물 반찬
초록빛 바람 불면 찔레꽃 향기
한 페이지 내 마음 넘긴다

그대 떠난 후에

마당 한쪽 무밭에
별은 내려앉아 있네

그네 매고 있는 감나무
팔뚝 걷어 올리고

잎 떠난 자리에
주황빛 감이 온다

백일홍 핀 담 밑에
붕붕거리는 벌 나비들

바람은 자꾸
대문 고리 붙잡고

고개 돌려 보니
있어야 할 자리에
다 있는데

새싹은
겨울 품에서 자란다며
이별을 보낸다

그리움

그 후로
하늘 꼭대기
높은 산을 올려다봐
저 구름산 뒤에
그대 있을 것 같아
함께 걷던 길목에
계절은 오고 가는데
소나무 아래 앉아
웃던 모습
살며시 만져보지만
아픈 기억 덮어놓고
그리움 이렇게 가까운데
바람에 먼지 하나
날아가는
늦은
오후

금강이 품은 공산성

불꽃 앞에 모여 군밤 굽는 사람들
구워진 알밤 꿀처럼 삼키고
다리 건너 공산성으로
토성에서 석성으로 유적이 잠들어 있는
고대 성곽 백제인을 만나는 길
걷고 걸으며 인조가 기대었다는 쌍수정
타들어 가는 역사의 숨소리
시대의 사람들이 눈앞에 모여든다
금강을 안고 성곽길을 비추는 노을은
천년의 역사가 내려앉은 붉은 바다
짐작조차 되지 않는 세월을
금강은 알고 있는지 고요히 품고 흐른다

금산의 아침

뜬봉샘 땀방울 말없이 흐르고
산들바람에 붉은 꽃은 피어난다

진악산 초록 안고
뿌리내린 따뜻한 사람들

삶의 향기는
온 세상으로 퍼져나가
산 좋고 물 좋은 이곳으로
다시 밀려든다

적벽강 문학이 흐르고
땅속으로 생명을 채우는

하늘이 내린 선물
여기는
금산
밝은 행복으로 떠오른다

기다림

물가에
소금쟁이
거미줄 놀이에
풀잎이 흔들린다
개구리
뒷다리 쭉 펴며 헤엄치더니
풀밭으로 올라와
숨을 몰아쉬고
한 발 살며시 숨기더니
보이지 않는다
백로의
긴 목과 다리
더 길어져만 가네

기적을 울리며

아침이면
스스로 일으킨 등을 다독이며
물 한 컵
하루의
메모장을 확인하고
모든 것을
사랑하며
달리는
기적소리

구름과 햇살

초록빛 산책길
파랗게 펼쳐진 하늘
햇살에
빛나는
흰 구름
따뜻하게
맑아
구름은 시월의 햇빛을 받아들였다

제2부
누워 있는 팽이

나, 어떡해

비가 좋아
비바람 속을 걷다
어둑해지자
가로등 불빛 켜지고
분홍 우산 속에 숨겨진
예쁜 얼굴에 놀라
비야
바람아
어둠아
너는 지금
내 영화 속의 배경
그 속을 걷는
분홍 달빛 같은 나
어떡해
감사해

나의 뿌리

천년의 역사를 가진 신라의 시조 박혁거세
잎이 자라도록 숨결로 기다려 주는 뿌리
박혁거세 시조로 박(朴)이라는 성(姓)을 가진
한 뿌리 단일 혈통의 왕손 밀양 박

신라 54대 경명왕 장남이 밀양 땅을 분봉 받아
시조와의 30세손으로 밀양박씨의 본이 형성되고
어디에도 밀양박씨의 거대한 대서사시

밀양 박으로 성을 주신 나의 아버지 함자는
박종덕(朴鐘德) 아! 이 순간 마지막 효(孝)
떨려오는 두 손 입으로 가져가 긴 숨 쉬어 보지만
눈물로 젖어 오는 흑백 사진이 뜨겁다

하늘빛 뿌리 박혁거세의 신화는
밀양강(密陽江)에 한(恨)없이 흐르고
하늘 향해 긴 팔 뻗은 장수봉
사람 향한 그리움, 족보관 문 열고

깨어나 나를 찾아 떠나온
감동 설화 밀양 박
조상의 숨결 느껴지는 효 문화 뿌리공원

하늘 물소리도 맑고 깨끗한
천년의 역사 나의 뿌리가 숨 쉬는 곳

나의 삶꽃 노트

따온
깻잎 한 박스
땀을 식히며
튀겨낸 깻잎 튀김
바삭한 꽃을 먹었다
경로당 어르신들께도
깻잎 위에 켜켜이 고소함 바르고
마음 잇는 언니의 손맛
냉장고에 넣어주는
고마운 미소
땀에 젖은 사람들
매미의 울음소리
뜨겁게 펼쳐진 여름 길에
마음으로 피는 꽃이 있어
그늘에 앉아 숨 돌리고
땀과 정(情)에 젖어
오늘도 뜨겁다

난로

언제나
네가
있었지
내 곁에
안아줄 수 없어
늘
손잡고
따뜻하게
바라보기만 하면서

낡은 지게 하나

널브러진
까만 봉우리
걸음 냄새
농부의
땀방울 먹고 핀 가을
굽은 등에
세월
함께 걷던
나무 지게는
송어 집 처마 밑에
그리움 가득 담고
서 있는
노년의 지게 하나

내 방 구경하기

방마다
불을 켜고
문을 활짝 열었다
어두운 곳은 더 불을 밝히고
10대 20대 30대 40대 50대 60대
무엇이 놓여 있는지
10대
라디오가 있다
귀 쫑긋 라디오 곁에 앉아 있는
작은 아이의 모습
신문이 쌓여 있고
배 깔고 신문을 본다
만화 만평을 보며 웃는다
내일은
20대 방에서
혼자
차 한잔하고 싶다
울지도 모르는데

너와 나

너의 향기에 취했나
너의 열정에 취했었나
내 사랑 타오르고
보랏빛 영원한 사랑을 위하여
빨간 꽃을 들고 온
너의 사랑에 고백을 받았지
시간이 지날수록 우리 사랑
실연의 꽃송이 피던 날
가슴 아파 울었지
꽃은 피고 지는 것이 일인데
좋은 날은 늘 너와 함께했었지
나만의 꽃을 들고 말하자 지금
내 가슴에 자기 꽃이
피고 있다는 것을
꽃은 피고 지는 것이 일인데

너의 웃음소리

눈을 뜨면
문을 열어봐
너의 웃음소리
그리운 날도 있지만
멀지 않은 곁에
있어 주기에
오늘도
감사해
물결 생명을 적신다

노란 창포꽃

초록
숲
못가에
핀
조용한
꽃 하나
연못 거울 손에 들고
예쁘기도 하다
곱게
널 기다려

놀이터

작은 발자국들이 모이는 곳
하늘을 밀어내는 그네 소리
미끄럼틀 까르륵 웃던 소리
모래 위에 지은 성
내 집 짓기가 한창이고
엄마가 불러도
우리 세상을 만들던 곳
하나둘 집으로 돌아간 뒤
숨결 남아 흐를 뿐
내 마음만
미끄러져 내리고 있다

누워 있는 팽이

팽이 위에
색연필로 그려진 태극기
아이처럼 앉아 있네
잃어버린 구슬은 밤새 이슬 맞으며
쭈그리고 앉아 기다리고
주인은 본체만체 학교로 향한다
자치기 비석치기 놀이에
황소는 어디로 갔나 해는 저물어 가는데
번개 치듯 흩어져 찾아보지만 보이지 않네
울먹이며
무거운 발걸음 집 앞에 서성거리는데
할렐루야 소는 집으로 돌아와 있었다네
빈둥거리는 비료 포대 썰매 삼아 얼음 치다
옷소매 다 젖어 푸른빛 입술 바르르 떨면
그제야 집으로 갔던
우리들의 한 조각
은행잎 수북수북 쓸어 네 얼굴에 흩뿌리고
뭐가 그리 좋은지 손잡고 달리다 보면
울며 따라오던 필통 속의 몽땅 연필들
고마웠고 잘 썼다네
비 오는 날이면 넘치는 또랑 보면서 웃고
눈이 오면 눈싸움하다 맞았는데

또 맞아도 웃고
잊지 못할 우리들의 단편
첫눈 내리던 날 만나자던
시계탑의 약속은 언제 지킬 거니?

눈꽃

하늘이
내려준 사랑
포근한 마음
잎새 위에 핀
여리고
순수한
신부의 눈빛
웃기만 해도
사르르
녹아드는
겨울에 태어난 꽃

눈앞에 얌전히 앉아 있는 책들을 보며

누군가에게
생각나는
책이 될 수 있었으면 해
달려온 인생만큼
글씨도 표지도 크기도 다른
책들이 오래 기다린다
곁에 앉으면
눈으로 인사하고
손 내밀어 악수까지 하면 좋으련만
어쩌다
나는 너를 보았고
너는 나를 몰라도
언젠가는 알 수도 있을 거야
기다려봐

임아, 오소서

노을 곱게 피어오르니
아프게도 슬픈 비가 내린다
밀려왔다 밀려가는
물결 위에 빗방울이 닿는다
소리도 없고 젖지도 않으며
깊은 파도 소리는 누구를 부르는가
임아, 오소서
마음대로 갈 수 있는 가장 낮은 곳으로
임아, 오소서
마음대로 갈 수 있는 가장 넓은 곳으로
임아, 오소서
걸어온 발자국은 파도가 쓸어준 그 길로
임아, 오소서

임의 소식

밤하늘에
기다림 떠 있어
생각하다가
저녁을 놓치고
모르지만
너의 자리는 늘 따뜻해
햇살처럼 창을 바라보고
같은 하늘 보고 있다면
알아보는 날
마음 동행할 그날
첫눈이 오면 좋겠다

뚜껑 없는 항아리

근데
항아리는
뚜껑 없으면 안 돼
겨!
꼭 있어야 해
겨!
아니면
엎어놔야 돼
왜?
안 그러면
벌레 들어가고
빗물 들어가서
겨울 되면 얼어서 터져
겨?
겨!

막개떡

홀태에 홀타낸 밀
보싹 말렸다가
맷돌에 갈아 체로 첸 밀은 밀죽을 쒀 묵고
개떡은 소금 사카린 넣어서
체에 체지 않고
물찍하게 조르르한 반죽 맨들어
검엉 솥에 보리밥
꼬스르하게
뜸 들일 때 밥 우에 부서
마시께 익은
밥풀 묻은 막개떡

엄마의 국제시장

물가에 핀 꽃

저녁 하늘
달빛 아래
조용하고
단단한 꽃나무 하나
얼굴 내밀어 바람 쐬며
사람들 발소리에 흔들리지 않고
깊은 곳에서
건져 올린 마음 하나
여울 따라
너에게
닿게 되길 바라며

꽃비

벚꽃
올해도 피어
걷다가
날아오는 꽃잎에
놀라
쫓아가 보지만
그
봄날의
그리운
그
모습

꽃양귀비 피어 있는 길

붉은 꽃잎
내 혼을 빼어 봄을 흔든다

살포시 고개 숙인
애린 모습에

바람도
지나지 못하고
나비처럼 앉아 있네

더 아름답게 피고 싶어
더 붉게 핀 꽃

하루를 다 바쳐
걷고
바라봐도

놔 주질 않는 길

제3부
바람의 쉼터

바람의 쉼터

마음이 쉰다
말하고 나면
바람이 읽고
가슴속을 비워간다
무수정에
생각을 더 내려놓는다
근심 걱정
남김없이
초록빛 바람 불어온다
대나무 숲길로

밤바다

안식에 취해
듣는다
파도 소리
반짝거리는 물빛 켜지고
모래는
마음을 적는다
차분하게
다가오는
파도
발을 씻겨주며
등대
불빛 켜진 곳까지

버스킹

봄이 오면
들려주고 싶은
한 줄
시노래 연주
진심을 불러본다
그대 마음 두드리는 위로가 되고 싶어
작은 기도처럼

별 하나

달빛의
따뜻한 기도

그저
반짝이는 별

가슴에 별 안고
달빛
묵묵히 걷는다

어둠 속에서
서로를 위하고

늘
빛나는
별이 되길 기도하며

봄

이불 빨래를 하고
창문 현관문을
제다 열어 놓고
공기마저 바꾼다
이사 온
햇볕이
부드럽고 따뜻하다
사랑하는 사람처럼
찬바람
마음 풀렸는지
웃는다

봄날처럼

청순한
산 벚꽃
복숭아꽃
그냥 좋은 진달래
앉아 있는 개나리
손 흔들어 주는
꽃길 걷다
꽃길을 달리다
네가 좋아
꽃이 된 내 얼굴

봄이면

아파하는 네 마음에
따뜻한 봄꽃을 안겨주고
혀로 상한 마음
꽃비로 씻을 수 있으면
좋겠어
순둥순둥한 강바람
시골 봄볕에
손가락 펴는
새순을 보니
네가 보고 싶어

봉숭아꽃

옆집 할머니께서는
꽃씨를 받아오기도 하고
꽃을 사오기도 하시며
화단 가꾸기를 놀이 삼아 하시네
깻묵을 사다 동백꽃 나무 아래 뿌려주고
굽은 등 활짝 펴 예쁜 손녀 보듯 하시네
꽃씨 뿌려 잘 자란 봉숭아
키는 작아도 분홍 꽃 빨강 꽃 피었네
시름시름 말라가던
꽃밭에 비가 내려
화단에 봉숭아꽃이 살았다네
봉숭아꽃을 보면
그냥 지나가지 못하고 미소 짓는
손톱을 만지며
할머니께서 만들어 놓은
꽃밭에서

불볕 내리는 오후

강이 흐르는
2층 카페에서
아이스아메리카노
초록 강
얼굴에는 미소가 흐른다
내 두 눈에는 인공눈물 흐르고
다들 스마트폰을 뒤진다
하얗게 푹푹 삶는 여름
통창 밖에서
우릴 지켜보고 있다
여름 뭉게구름 만나러
달려 나가고 싶은데
강 사이에 두고
버티고 있는 오후
힘내자!

비 온다

처마 밑에
엄마가 심어둔
고무 대야에
비꽃이 피어난다
뚝뚝 떨어지는 빗물
작은 손바닥으로 받은
빗방울은 기다림
엄마 올 때까지
가만히
동무해 주던
비꽃
고운 색으로
피어난다

산책

싱그럽고 푸른 숲
저만치 멀리서
이름도 모르는데
마음 보듬어 에너지 주네
새들은 날고
강가에 오리도 날고 싶은지
꽥꽥 열띤 회의 중
소리도 지르며
걷다가 뛰다가 날다가
물오리 옆에
작은 파랑새
날개 빛에 반하고
오색딱따구리 난타 소리
빛깔과 소리에 빠져드는
가까워 더 행복한 둘레길

소리 없이 불러본다

언니야
네 이름을 써본다
단번에 울적해진다
맛집 뒷길 언덕에 피어있던
빨강 노랑 분홍 보라 이름도 묻지 못했던
그 이쁜 꽃은 올해도 피었는데
내 앞에 피어있는
앵두 백일홍
좋아했던 책
보관하고 싶어도 할 수 없었지만
조금은 후회스러워
미 안 해
아무 때고 전화해도 들어주고 다독여주며
웃어주고 마음 잡아주던 언니야
얼마나 웃었던지 새벽이 오는지도 모르고
하루를 시작했던 아침
많은 추억이 계절 속에 묻혔네
좋은 사람으로 잘 살게
그리워지는 사람으로
따뜻하게 반겨주고
조용조용 이르던 모습
잘 있는 거지

보고 싶다
간절히 기도하던 뒷모습
울던 그날
비가 온다
잘 지내고 있어…

* 2025. 3. 20. 목요일. 동생 씀

서랍을 정리하다

살짝
웃어 예쁜 얼굴
푸르던 시절
잎처럼 맑은 손
잊고 지내었던 얼굴
깊은 서랍에
손 넣었더니
그리움 따라오는
아득한
발
자취들

시작

새벽길
달리고 달려
해넘이 편에
보낼 것 있어
올해도
첫눈에 반한
바다에서
나의
하루는 뜬다

시화전

봄꽃처럼
햇볕 받아보세요
애써
피지 않아도
괜찮아요
조금
느려도
괜찮아요
나의 깊은 가슴속
작은 빛 하나
작은 발소리
살며시 들려오는
꽃길이에요

해가 있는 동안

오늘
하루
많은 말과 웃음 속에
담은 것
쏟아 놓고
괜찮아
이 밤
파란
새벽은 자라

12월은

은혜의
흰 눈 내려
마음 덮어 치유하고

캄캄한 밤
별 하나

사랑으로 오신 주님
사랑의 빛을 주시고

낮은 자리에
가장 큰 사랑으로
임하신 주님

빛 안에
내 모든 기억 감사 되어
땅을 감싸며

그 사랑 담길 수 있도록
세상을 비워 두렵니다
〉

사랑합니다!
사랑합니다!
사랑합니다!

화창한 날씨

눈을 뜨면
널 닮은 햇살 문을 열어

웃음소리 그립지만
멀지 않은 곁에 있기에

작은 일상에도
감사할 줄 아는 부드러움

만나는 사람마다
밝은 미소로 맑은 얼굴

지치지 않는 너의 기도는
생명의 푸른 물

바라던 일
자연스럽게 그리며 채워 가는
네 모습에

나는
행복한 사람

흔적

속삭임
뒤에
남은 흔적
오른손
포근히 얹어 감싸며
걸어가는
뒷모습
흔들리는 다리
아래 흐르는
장식한 물빛
어느새
그리움으로

가을 사랑

울컥
눈물이 난다
물들어 가는 햇빛에
반짝이며
퍼지는 웃음소리
눈빛
손짓
발짓
사랑한다는 말
빨갛게 타들어 가는 가슴
어느 것 하나
싫지 않아
보고 싶은
단풍나무

제4부
잎은 뿌리가 되어

아카시아꽃 향기

아이들이
꽃잎 따서 쪽쪽

까까머리
단발머리
버짐 핀 얼굴

길 밝히고
달콤한 향수 흘린
아카시아꽃

꿀 꽃향기
매달렸던
언니 오빠의 첫사랑

안녕

감나무
잎 떨어져도
홍시 등 밝아
두 팔 사이로
하늘
높고 넓고 푸르러 좋다
가면 또 오는 것
바스락거리며
울어도
감꽃 피는 날
홍시는 또 올 거야

여름밤의 콘서트

나뭇잎 그림자 사이로
하루가 접혀가는 보문산 숲속
이따금 불어오는 잔잔한 바람은
리듬처럼 느껴지고
무대 위로
떨어져 내리는 노랫소리
함성은 밝은 조명 되어
틈도 없이 마음 열어 적신다
추억을 꺼내기도 하고
그 사랑 떠올리기도 하면서
매미의 뜨거운 응원에
들려오는 색소폰 연주
찌는 더위 몰아내고
밤하늘
별들도 곱게 꾸미느라 서로 바쁘다

엄마

밥 먹고 학교에 가야지 하시는
엄마 목소리의 마당에 참새들도
소란스러웠던 아침
보온 도시락 하나, 둘, 셋
나눠 주시며 학교 가는 길
손 흔들어 주시고 산모퉁이 돌아서
보이지 않을 때까지
서 계시던 엄마
작고 마른 모습에 곤히 잠들어 계신 엄마
언제 이렇게 늙어버린 거야
저녁밥 먹고 난 후 엄마 오시면 드리려고
사놓았던 내복을 가져와 드렸더니
어릴 적 우리처럼 좋아하신다
맘이 짠하고 콧등이 찡해진다
옆에 있던 동생은 엄마 아끼지 말고 입어
내년에 입는다고 아끼면 못 입을 수도 있어
하는 슬픈 현실에도 미소 지으시며 좋아하신다
난 왜 아픈지
모두가 그토록 말하던
청춘을 찾아 나서고 세월이 고장 나길 바랐는지
진하게 가슴을 파고든다
평온하고 인자하신 엄마의 모습에서

돌아선 나의 계절을 만나본다
봄, 여름, 가을, 겨울
올겨울은 폭설이 내린다
봄은 문 앞에 서성거리는데
인생의 겨울은 떠나고 싶지 않은지
폭설이라도 붙잡고 싶어 하는 그 마음 알 것 같다
꽃 피는 봄이 오는 이유를

요기요

봄처럼 따뜻한 눈빛
망초꽃 피는 여름을 좋아하고
먼 이야기도 밝게 들어주며
맹물 같은 소리로 웃음 주는
가까이 있어 부르지 못한
자꾸만 붙는 못된 염소
대추나무에 묶어 놓았다

잎은 뿌리가 되어

네가 원하는 것
다 주고 싶어

내가 원하는 것
다 받고 싶어

빛을 향해
걸어가는

떨어질 수 없는
내 안의
깊은 자리의 너

자연이 만든 예술, 돌들의 축제

빗물 유등천을 쓸고 지나간 자리에
뽀얀 얼굴로 피어난 돌들
뽐내며 누워 있기도 서 있기도
무수한 세월의 퇴적된 무기물
다양한 색으로
그림 그리는 유등천 물줄기
굴리고 깎으며 더 또렷하게 그리고
혼자서는 다 할 수 없어
물살 모래 자갈 조각가를 불러
공기도 힘을 보태며
붉은색 갈색 검은색으로
물과 바람 햇볕이 함께 만들어 놓은 돌
지구의 나이를 입히고 세상에 작품으로
제각기 빛깔 다른 모양들 한 점 한 점
자연이 빚어낸 예술
하나, 둘, 셋, 넷, 다섯 같은 것 없네!
자연은
세상에 하나씩만 만들어 놓는가 보다
나와 같은 사람 없듯
돌 하나하나 세상에 하나뿐인 작품
돌 하나하나 그 속에 담긴 자연의 혼
산 위에 달 떠 있는 그림

작은 그림 시집 한 권을 들고 와
베란다 미니 정원에 세워 놓고
햇살 들어오면 같이 읽고 바라보는
돌 위에
자연이 그린 그림의 깊은 생각
감탄 감동 주기만 하는
지구에서 가장 오래된 나의 시집

작은 기적

함께 있어도
혼자인 듯하나
돌아오는 길은
그림자
나를 따라온다
아침이면
스스로 일으킨 등을 다독이며
양치 후 물 한 컵
메모장에 하루를 적어
즐거움 찾고
작은 바람과 꿈 찾아가는
낯선 길에서도
날 지키는 사람
날 돕는 너
혼자라는 건
외로움 속에서
단단해지는 하루하루를 만드는 것
고마운 말 한마디
사랑하는 마음 하나
가슴 깊이 조심스럽게 담아본
하나의
작은 나의 기적들

작은 돌에 뜬 달

손바닥보다
작은 돌에 뜬 달
선명한 능선 위에
차가운 온기
손안에 들어온
밝은 밤
어둠처럼 울었던 슬픈
시린 가슴
태양 아래 뜨겁던 순간
억만년 흘러온 지구살이
돌에 새겨진
달의
그리움
아!
폭포처럼 고요하기만 하네

작은 창문 앞의 단풍나무

창문 열면 먼저 반겨주고
저녁이면
부는 바람에 춤추며
나를 웃게 해주는 너
마중 나오는 우산도 없이
비 맞으며 함께 세월 보내며
더운 날은
시원한 바람 보내주고
가을이면
고운 빛 꽃이 되어
붉게 푸르게 피어나
손짓하며
끊임없이 얘기하는 너
고요히 기도로 주무시고 계실
엄마께 다녀와 줘
이불은 잘 덮고 주무시는지
이제 무거운 이불은
힘에 부쳐 못 덮는다고 하셨는데
빨간 잎에 새겨놓은 편지
여기 있어

잠자던 꿈

푸르던 잎
바람 따라
구르던
노란 은행잎
소녀가 읽던
책 속에서
저 인생
한 줄 시(詩) 되어
말을 건넨다

저녁을 먹고

깊은
하늘은 고요하다
징검다리 사이로 하루는
잽싸게 빠져나가고
돌보는 이 보이지 않아도
돌밭에 참외 열려있네
어둠을 위로하는
착한 달
주먹 같은 물소리
보자기 같은 시원한 바람
흰둥이도 토끼처럼 뛰는
사이좋은 강풀 길

저녁을 여는 별

해 떨어지니
바람은 말이 없네

그림자
달 뜬 길을 걷는다

바람 소리에
보리수 더 붉게 빛나고

해 떠오르니
바람 말을 하네

어디든 함께 가자고

저녁을 여는 별
눈 감을 때까지

절구통과 항아리

하늘 잿빛 얼굴을 하고
참다못해 빗물 떨군다
알아들을 수 없는 괴성을 지르며
놀란 빗방울 달려와 유리창에 숨는다
처마 밑으로 굵은 빗방울 뚝뚝
뒤집어 놓은 항아리 위로 떨어지고
그 속에 뭣이 들어앉았는지
아니면 잠시 쉬는 걸까
빗물 가득 담은 절구통에는
하늘이 떠 있다
바람으로 하늘을 움직인다
뜻밖의 가치를 품은 절구통
뒤집어 놓은 항아리도 작은 연못을 만들었네!
비를 흠씬 맞고도 보듬어내는 그릇을 보며
지금 너와 나 사이를 생각해
삐지지 말고 그럴 수도 있어 그러려니 하자
뒤집어진 항아리야

짧은 치마

부드럽던
아카시아 꽃송이
맑은 웃음 짓던
코스모스
첫눈 오던 날
창문 앞에 놓인
하얀
눈사람
꺼내지 않은 마음
향기 있는
우정의 선물

청춘

심장이 뜨거워
꿈을 다쳐도
거침없이
달렸던 남쪽
사랑에 죽을 듯 울고
이름만 들어도
춤추던 힘
넘어져도 축복
뛰어도 뛰어도
변치 않는
청춘은
내 마음속에
안착하여 살고 있다

치유의 숲에서

새들도 숲길을 걷는다
길마다 다른 얼굴

포근하게 감싸주는 초록산
누군가 가꾸고 지켜온 이 물결

숲은 바람과 햇살 연주로
나뭇잎 노랫소리 들려준다

허공을 기댄 나무
마음 놓고 가라며

내 안의
소란스럽던 잎들

숨 고르며
물 위로 떨어져
머뭇거리다 물 따라 흐른다

하늘에도 바다가 있었다

걷고 걸어 올라
문을 열어젖히니
시원한 바람이 분다
두 팔 벌려 바람을 맞는데
아! 눈앞에 펼쳐진 물바다
온갖 보석빛으로 반짝반짝
끝도 없이 펼쳐진 빛의 물바다
무수한 별빛들의 반짝임
바다에 서 있는 세 사람은 뉘신지
본 듯한 로마 의상을 두르고
온유함, 부드러운 미소로 물을 만지며
물속에서 계시는지
손으로 물을 뜨니 과자로 변한다
그 과자를 주시길래
두 손으로 받아먹으며
까르르 함께 웃고
기댈 난간도 없는데
무섭거나 두려움 없어
한 손 살며시 내밀어
물을 만지며 뜨는데
맛난 과자로 변한 신기한 기쁨
온유하고 평화롭고 고요하고 잔잔한

부드러운 웃음 지으며 깬 꿈
하늘 보석빛 물바다에 다녀온
영혼의 일기

피아노

"널 사랑해"

음악 선물 하나
내려놓습니다
쇼팽이 대학생 때
사랑하는
여인에게 말도 하지 못하고
끙끙 마음앓이를 하며
작곡한 곡입니다
그 여인
콘스탄체는
쇼팽이 죽고 나서
자서전을 보고 알았답니다
피아노 협주곡
1번 2악장

순수한 열정

길을 걷다가
만났다
홀로 피어있는 들꽃을
소리를 낸다
클래식
바람 소리
뜨거운 호흡
가슴 흔드는
따뜻함
들꽃
널
사랑해

하늘에도 바다가 있었다
박지현 2시집

발 행 일	2025년 10월 25일
지 은 이	박지현
발 행 인	李憲錫
발 행 처	오늘의문학사
출판등록	제55호(1993년 6월 23일)
주 소	대전광역시 동구 대전로 867번길 52(삼성동 한밭오피스텔 401호)
전화번호	(042)624-2980
팩시밀리	(042)628-2983
카 페	http://cafe.daum.net/gljang(문학사랑 글짱들)
인터넷신문	www.k-artnews.kr(한국예술뉴스)
전자우편	hs2980@daum.net
공 급 처	한국출판협동조합
주문전화	(02)716-5616
팩시밀리	(02)716-2999

ISBN 979-11-6493-406-5
값 10,000원

ⓒ박지현 2025

* 이 책의 판권은 저작권자와 오늘의문학사에 있습니다.
* 이 책은 E-Book(전자책)으로 제작되어 ㈜교보문고에서 판매합니다.
* 잘못 만들어진 책은 구입하신 서점에서 교환해 드립니다.

* 본 도서는 한국예술인복지재단 지원 사업으로 제작되었습니다.